FIRST EDITION

ITALIAN STORIES LEVEL 2
Non è sempre la solita storia

We Exhibit con il fantasma

By Chiara Carnelos
University of California–San Diego

Bassim Hamadeh, CEO and Publisher
Michael Simpson, Vice President of Acquisitions
Jamie Giganti, Managing Editor
Jess Busch, Senior Graphic Designer
Seidy Cruz, Acquisitions Editor
Gem Rabanera, Project Editor
Alexa Lucido, Licensing Coordinator
Mandy Licata, Interior Designer

Copyright © 2015 by Cognella, Inc. All rights reserved. No part of this publication may be reprinted, reproduced, transmitted, or utilized in any form or by any electronic, mechanical, or other means, now known or hereafter invented, including photocopying, microfilming, and recording, or in any information retrieval system without the written permission of Cognella, Inc.

First published in the United States of America in 2015 by Cognella, Inc.

Trademark Notice: Product or corporate names may be trademarks or registered trademarks, and are used only for identification and explanation without intent to infringe.

Cover image copyright © 2013 Depositphotos/gary718
Interior image copyright © 2012 Depositphotos/canicula.
        copyright © 2012 Depositphotos/canicula.
        copyright © Luestling (CC BY-SA 3.0) at https://commons.wikimedia.org/wiki/File:Venezia-map_1-1220x900.png
Printed in the United States of America

ISBN: 978-1-62661-920-3 (pbk) / 978-1-62661-921-0 (br)

www.cognella.com   800-200-3908

Dedication

To big J and little J, who keep transforming my otherwise ordinary life into colorful paintings of Marc Chagall and Štěpán Zavřel.

To Davide and Giacomo De Carlo, for being who they are: remarkable, creative people.

CONTENTS

TO THE READERS	VII
TO THE TEACHERS	IX
LIBRO SECONDO, ADVANCED BEGINNERS	XI
PARTE PRIMA	1
CAPITOLO 1	3
CAPITOLO 2	7
CAPITOLO 3	9
CAPITOLO 4	17

CAPITOLO 5	21
CAPITOLO 6	25
CAPITOLO 7	27
CAPITOLO 8	31
CAPITOLO 9	33
CAPITOLO 10	39
CAPITOLO 11	41
CAPITOLO 12	45
PARTE SECONDA	45
CAPITOLO 1	49
CAPITOLO 2	53
CAPITOLO 3	55
CAPITOLO 4	59
EPILOGO	63
ACKNOWLEDGMENTS	69

TO THE READERS

Dear learners of Italian, this easy reader is designed to help you explore the language and culture of Italy in a meaningful, up-to-date context. You will certainly encounter words and grammar structures that you are not yet familiar with, but don't worry. Arm yourself with patience and curiosity, try to follow the main story line, and don't worry if you don't understand everything. At this point in your learning process, it is not necessary to understand everything to enjoy your reading and to make progress. Use the cues and clues provided by the pictures, the "Schede Grammaticali," and the links at the back of your book or at the end of each chapter. Ask your instructor to help you understand. She or he will be more than happy to draw a picture or do a mime to convey the meaning of what is not yet clear. A very fun exercise that will help you remember and review the story as well as the vocabulary presented is to reread the dialogues with a classmate. Pretend you are actors and go for it. The short of it is this: this is the story of a group of young professionals in Venice and an artist in Los Angeles who happen to work together in a haunted house in Venice. Farfetched? Only one way to know—read and then let me know. Enjoy!

—Chiara Carnelos

TO THE TEACHERS

Dear colleagues, I hope you will enjoy this reading. You will see that a visual dictionary is provided in the form of pictures near the word I believe to be difficult or plainly new; however, only you can judge which vocabulary is best to introduce and when to do so. Some chapters are easier than others. An approach to make the reading more meaningful and a bit easier to understand would be to ask your students to read the "Schede Grammaticali" before reading the story and look at some of the links provided at the end of each chapter as a class. In general I find it useful to introduce the story line and new vocabulary before I read the chapter with my students, or I ask them to read it at home. I do a lot of TPR (total physical response), and I notice that students of every age and level enjoy getting out of their chairs. I ask true-or-false questions right after the reading of a chapter, but you can assign them as homework as well. At times I ask students to act out a scene in front of the class (after an adequate preparation time). Another fun exercise is to isolate a very brief passage and ask your students to read it, pretending to be a journalist, a movie star, sleepy, very excited, unbelievably happy, unbelievably sad, and so forth. Enjoy!

—Chiara Carnelos

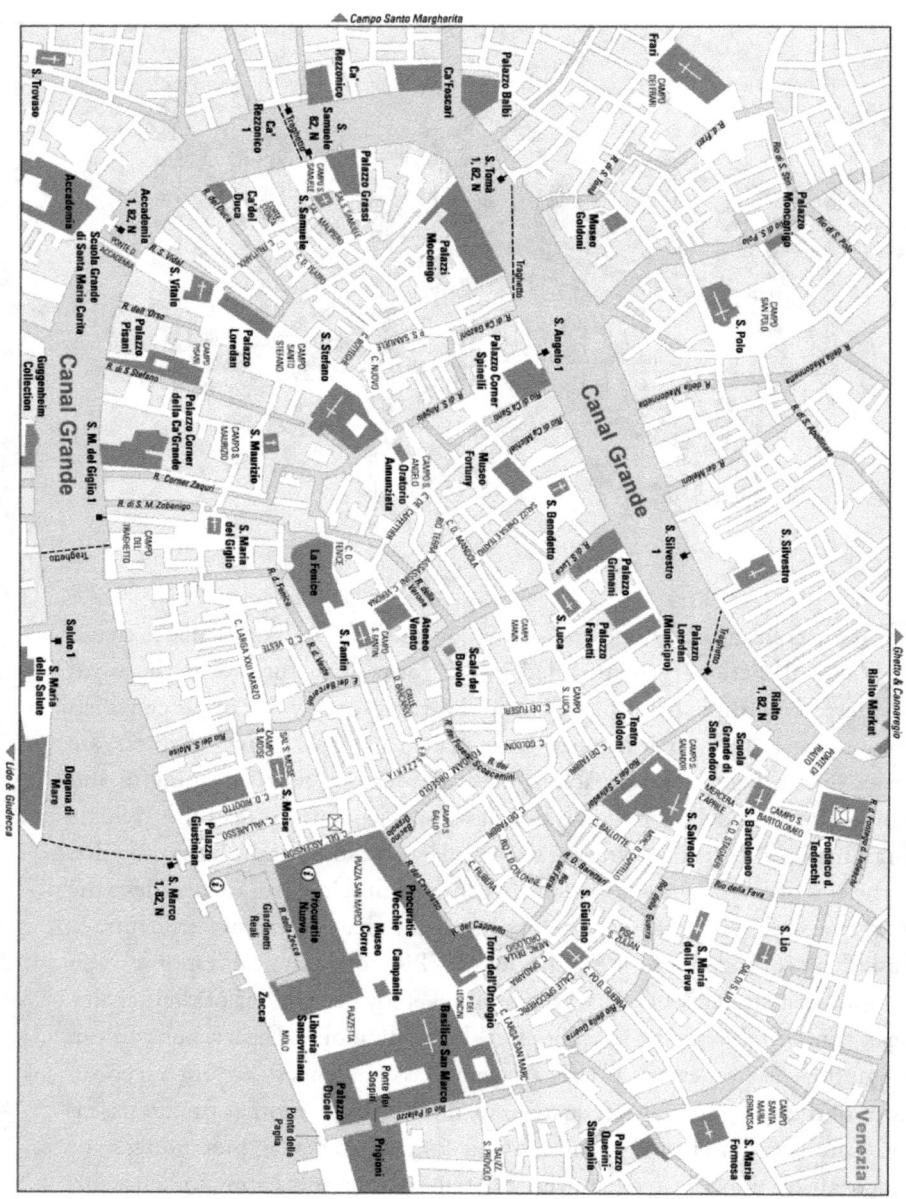

LIBRO SECONDO, ADVANCED BEGINNERS

PERSONAGGI:

Davide De Carolis, fondatore di We Exhibit
Nicolas Orazio, co-fondatore di We Exhibit
Lili Wang, co-fondatrice di We Exhibit
Andrea Buzzati, manager di We Exhibit
Jolene Monteiro-Finch, artista americana
Vincente B., manager di Jolene
Giacomo De Carolis, studente alla Ca' Foscari, Venezia, e fratello di Davide
Reese Cannoli, studentessa americana in Italia e fidanzata di Giacomo

I LUOGHI DELLA STORIA:

Venezia, in particolare Ca' Dario
Los Angeles, California

XII | NON È SEMPRE LA SOLITA STORIA

PREMESSA

Ca' Dario è un bel palazzo in riva al Canal Grande, ma si dice che ci siano i fantasmi. Il nome deriva dal primo proprietario, Giovanni Dario. Quando Giovanni Dario è morto nel 1494, ha lasciato la casa in **eredità** a sua figlia Marietta Datio Barbaro. Da quel giorno è cominciata la maledizione. Tutti i proprietari di Ca' Dario sono morti di morte violenta o hanno perso tutti i loro soldi. Marietta ha sposato Vincenzo Barbaro, un uomo ricco e bello. La loro vita era felice, avevano un bel figlio anche lui chiamato Vincenzo. Vincenzo aveva tutti i giochi che voleva. Marietta aveva tutti i vestiti che voleva e tutti bellissimi. Vincenzo le regalava tantissimi **gioielli** preziosi. A Marietta piacevano in particolare gli smeraldi. Lei aveva gli occhi verdi e gli smeraldi le stavano benissimo. Un giorno, però, Vincenzo padre è tornato a casa tristissimo; con la faccia disperata ha detto a Marietta di aver perso tutti i suoi soldi e che dovevano **vendere** tutto: mobili, gioielli, tutte le cose preziose. Quel giorno Marietta e Vincenzo hanno pianto tantissimo. La sera Vincenzo padre è uscito e non è più ritornato. Marietta amava moltissimo suo **marito**. Quando le hanno detto che se Vincenzo non tornava, probabilmente era morto, Marietta non ha più parlato. Dopo due settimane di silenzio si è buttata dalla finestra più alta del palazzo dentro al Canal Grande. Il suo corpo non è mai stato ritrovato. Il figlio Vincenzo, traumatizzato dalla morte della mamma, ha deciso di fare un viaggio a Creta, in Grecia, dove viene assassinato da quindici coltellate. Gli assassini non sono stati mai scoperti.

Agli inizi del XIX secolo, il palazzo stato venduto ad un ricco commerciante armeno di pietre preziose. Anche la sua ditta è fallita, proprio come quella di Vincenzo e poco tempo dopo anche il nuovo proprietario è morto. Il proprietario successivo è stato un americano, Charles Briggs. Anche lui si è suicidato appena dopo averla comprata, come Marietta. Coincidenze? Forse. Però la lista continua. Il poeta francese Henry De Regnier è vissuto da ospite nel palazzo, si è ammalato ed è morto nel 1901. Negli anni '70 la casa è stata comprata da Filippo Giordano delle Lanze. È stato ucciso dal suo amante che gli ha spaccato una statuetta sulla testa. Perché? Non si sa. L'amante è fuggito a Londra ma è stato assassinato lì. La **maledizione** della Ca' Dario viaggia anche in posti lontani.

Christopher Lambert, manager del gruppo rock "The Who", ha poi comprato Ca' Dario ed è morto cadendo dalle scale. Nel 1993 Raul Gardini ha comprato la casa per fare un regalo a sua figlia. Anche la sua ditta è fallita e lui ha perso tutti i soldi. Disperato, si è suicidato. Dopo la morte di Gardini nessuno ha più voluto comprare il palazzo che è rimasto **disabitato**.

LIBRO SECONDO, ADVANCED BEGINNERS | XIII

Tante persone pensano che la casa sia abitata dai **fantasmi** dei vecchi proprietari. Dicono che di notte si vedono strane luci e si sentono strani rumori e che al **tramonto** qualche volta si vede una signora vestita di nero alla finestra e all'alba un signore alto, bello, con la faccia triste.

VERO O FALSO?
1. Ca' Dario è un brutto palazzo in riva al Canal Grande.
2. A Marietta piacevano molto i diamanti.
3. Marietta e Vincenzo non avevano figlie.
4. Nel 1993 Raul Gardini ha comprato la casa per suo figlio.
5. Tante persone pensano che nella casa ci sono i fantasmi.

Conversazione a coppie.

Credi ai fantasmi? Credi agli angeli? Ti piace guardare film dell'orrore? Ti piace leggere libri paurosi?
Qui puoi trovare la storia della Ca' Dario.
http://www.latelanera.com/misteriefolclore/misteriefolclore.asp?id=137
http://www.curiosone.tv/ca-dario-casa-maledetta-venezia-65672/

fantasmi

eredita

XIV | NON È SEMPRE LA SOLITA STORIA

maledizione

muore morto morire

gioielli

vendere

disabitato

tramonto

LIBRO SECONDO, ADVANCED BEGINNERS | XV

IMAGE CREDITS
1. CERO, CERO fear," http://commons.wikimedia.org/wiki/File:CERO_fear.png. Copyright in the Public Domain.
2. Papercube, "Silla-royal-family-tree," http://commons.wikimedia.org/wiki/File:Silla-royal-family-tree.png. Copyright in the Public Domain.
3. Copyright © 2014 Depositphotos/belchonock.
4. Thomas Rowlandson, "Thomas Rowlandson - The Dying Sailor - Google Art Project," http://commons.wikimedia.org/wiki/File:Thomas_Rowlandson_-_The_Dying_Sailor_-_Google_Art_Project.jpg. Copyright in the Public Domain.
5. Copyright © Mario Sarto (CC BY-SA 3.0) at http://commons.wikimedia.org/wiki/File:Brillanten.jpg
6. Copyright © Christian Rottensteiner (CC by 3.0) at http://commons.wikimedia.org/wiki/File:Girlan-Dorfplatz-Martinimarkt-2011.jpg.
7. Adumbvoget, "Abondoned House," http://commons.wikimedia.org/wiki/File:Abondoned_House.JPG. Copyright in the Public Domain.
8. Copyright © Jessie Eastland (CC BY-SA 3.0) at http://commons.wikimedia.org/wiki/File:Burning_Yellow_Sunset.jpg

PARTE PRIMA

CAPITOLO 1

Venezia

Davide è un bel ragazzo. Ha i capelli castani e gli occhi marroni. Non è altissimo, ma tutte le ragazze pensano che lui sia molto affascinante. Vive a Venezia. Venezia è una città bellissima nella regione Veneto. Alcuni dicono che sia la città più bella del mondo. Ci sono moltissimi **canali** e le barche li navigano come se fossero strade. Davide ha 27 anni. Ha studiato arti visive all'Università Ca' Foscari di Venezia. Gli piace molto l'arte, soprattutto l'arte moderna. Per qualche anno ha pensato di diventare un artista, poi ha capito che è difficilissimo pagare l'**affitto** quando si è un artista e ha deciso di formare una ditta che si chiama We Exhibit con un nome inglese, perché i suoi clienti vengono da tutto il mondo. I suoi compagni di lavoro sono due ragazzi e una ragazza, tutti intelligenti e bravi lavoratori. Installano mostre, parlano con gli artisti, si prendono cura delle opere d'arte. Davide è sempre **impegnato**.

4 | NON È SEMPRE LA SOLITA STORIA

Alla **matti**na si sveglia prestissimo, alle 5.30, prende il computer sul comodino e ripassa i progetti che deve fare in giornata. Controlla le **previsioni del tempo** e poi si alza. Va in cucina, si prepara un buon caffè forte, anche due, mangia biscotti, pane e marmellata o Nutella. Si fa una doccia veloce, si rade, si veste: jeans e maglietta o maglione, dipende dalla stagione. Si lava i denti e va alla sede della sua ditta. Una stanza piccola ma molto ben arredata. A Davide piace il suo lavoro.

«Ciao Nicolas», dice Davide buttando la giacca sulla sedia della sua scrivania.

«Ciao, tutto Ok? Hai visto i progetti nuovi? Un lavoro micidiale! Come minimo dovremo stare svegli qualche notte e lavorare tutti i fine settimana.»

«Lo so, ma siamo una ditta giovane. Dobbiamo accettare tutti i lavori. È l'unico modo per farci conoscere e per far vedere a tutti che siamo bravi, che il nostro lavoro è di ottima qualità e poi...»

«...e poi fra qualche mese andiamo in vacanza! Davide, è da un anno che dici che fra qualche mese andiamo in vacanza, ma l'unica vacanza che ho fatto è stata mezza giornata al Lido e sfiga delle sfighe pioveva!»

«Ahaha, diciamo che non sei molto fortunato Nic, ma vedrai che quest'anno faremo una **vacanzona**! Dopo i tremila progetti da completare, ovviamente.»

«Ovviamente!» dice ironicamente. Nicolas è simpaticissimo e stanchissimo. Anche a lui piace il suo lavoro, ma vorrebbe tantissimo andare in vacanza per un mese, bere aperitivi e non pensare al lavoro.

VERO O FALSO?

1. Davide si alza tardi.
2. A Nicolas piace il suo lavoro.
3. Il lavoro di Davide e Nicolas è facile.
4. I ragazzi vanno in vacanza spesso.
5. Davide ha studiato architettura.

CONVERSAZIONE A COPPIE.

1. Di mattina ti alzi presto o tardi? Fai colazione? Che cosa mangi per colazione? Bevi un caffè? Ti radi/trucchi tutti i giorni? Di solito ti vesti elegantemente o in maniera sportiva? Lavori? Dove? Ti piace il tuo lavoro?

canali

barca barche

pagare

affitto

impegnato

previsioni del tempo

vacanzona

IMAGE CREDITS

1. Copyright © MarkusMark (CC BY-SA 3.0) at http://commons.wikimedia.org/wiki/File:44VeneziaRioParadiso.JPG
2. Copyright © Asadi (CC BY-SA 3.0) at http://commons.wikimedia.org/wiki/File:Boats_at_the_Caspian_Sea_Beach.jpg
3. Copyright © David Goehring (CC by 2.0) at http://commons.wikimedia.org/wiki/File:Paying_someone.jpg.
4. Copyright © 2013 Depositphotos/alexraths.
5. MZMcBride, "Less busy desk red," http://commons.wikimedia.org/wiki/File:Less_busy_desk_red.svg. Copyright in the Public Domain.
6. Matthew Petroff/Walrick (Erick Ribeiro), "Weather Icons - mix," http://commons.wikimedia.org/wiki/File:Weather_Icons_-_mix.svg. Copyright in the Public Domain.
7. Copyright © Anthony Quintano (CC by 2.0) at http://commons.wikimedia.org/wiki/File:Aulani,_a_Disney_Resort_%26_Spa_by_Anthony_Quintano.jpg.

CAPITOLO 2

Los Angeles

A Jolene piace dormire, infatti arriva spesso in ritardo agli appuntamenti. Di solito si sveglia alle 9 o 10 di mattina. Non si alza subito. Prende il computer dal tavolino vicino al letto e guarda le fotografie che ha scattato il giorno prima o i filmati che ha fatto. Lei è un'artista. Ha un master in arte e ora lavora a progetti complicati e interessanti. Con calma si alza e va in cucina a preparare la colazione. Mangia uova e beve caffè nero caldissimo. Saluta il suo gatto Mac. Mac è nero come il caffè e ha occhi verdi bellissimi e grandi. Si muove silenzioso per la casa. Poi Jolene fa la doccia, si lava i denti, si trucca, si mette le lenti a contatto o se non ha **tempo** gli occhiali. Si veste con cura, vuole sempre fare bella figura. Una camicia stirata o una maglietta con delle scritte interessanti come "Heart without art is just 'eh'". Si mette una gonna e gli stivali con il tacco. Se deve lavorare si mette i jeans per stare comoda. Indossa una collana e gli orecchini. Il suo stile è shabby chic. A lei piace comprare i suoi vestiti da Anthropology o Free People. Le piace molto il colore verde e spesso indossa braccialetti e porta borse di quel colore. Jolene è un'artista molto famosa in America. Lei fa degli studi incredibili sulla telepatia legata all'arte. Cerca di fotografare il **pensiero**. Alcuni pensano che lei sia matta, ma a Jolene non importa. Verso mezzogiorno chiude a chiave il suo bellissimo appartamento di Los Angeles e va a piedi al suo studio a lavorare.

CAPITOLO 3

Venezia

D avide e Nicolas lavorano ai nuovi progetti mentre ascoltano i Daft Punk su Spotify, squilla il cellulare di Davide. Davide guarda il display e compare la faccia di suo fratello Giacomo. Fa un sospiro e risponde.

«Posso dormire da te stasera?»

«Devi proprio?»

«Ovvio, altrimenti non te lo chiedevo.»

«Ok, hai le chiavi. Non fare il cretino come l'altra volta che sei tornato alle 4 con due amici, quando arrivi fai piano. Io lavoro di mattina.»

«Dipende», risponde Giacomo.

«Non dipende. Dormi sul divano. Buona notte. Ah! Fai colazione al bar, non ho niente in frigorifero.»

«Posso portare un'amica?»

«Chi, l'australiana? E dove dorme?»

«Scemo, è americana. Dorme sul divano, io per terra. Comunque grazie per stasera.»

«Ripeto, non fare rumore che...»

«...tu lavori, lo so, lo so. Grazie, ciao vecchio!»

«Cretino», click.

Il fratello di Davide ha 8 anni meno di lui e sta studiando lingue all'Università Ca' Foscari. Spesso si ferma a dormire da lui, perché non gli piace fare il pendolare e poi la vita universitaria di notte è forse più divertente che di giorno. Davide e Giacomo vanno d'accordo, ma come tutti i fratelli spesso si prendono in giro.

Squilla di nuovo il cellulare. Questa volta sul display appare la faccia di una bella ragazza con i capelli rossi e le lentiggini. Davide guarda il display per un attimo, ma non risponde.

«Sei popolare, eh?» dice Nicolas senza alzare la testa dal suo computer. «Chi era questa volta?»

«Anna, ma è una storia finita, solo che lei non ha ancora perso le speranze ... oddio.»

«Guarda, se vuoi parlo io con lei, anzi, la invito direttamente a mangiare una pizza!»

«Magari. Non ti vedevi con una ragazza mora, alta, con gli occhi azzurri, Laura?»

«Lucia, ma niente di serio.»

«Le ragazze prendono sempre le cose troppo sul serio ... ah, ciao Lili.»

Lili lavora a We Exhibit, anche lei è co-fondatrice e si occupa dei contatti con l'Asia.

«Per fortuna che sono arrivata, altrimenti chissà che cosa dicevate delle donne. Per vostra informazione, chiaramente le ragazze prendono le cose seriamente se uscite con loro per un mese o due e poi all'improvviso non le chiamate più. Guardate che non siamo più ai tempi di Casanova, i miei due bei Don Giovanni!»

«Veramente le ragazze devono capire che non tutti i ragazzi saranno il loro futuro **marito**...» dice Nicolas.

«Nicolas!» urla Lili arrabbiata.

«Di cosa parlate di bello?» È Andrea, l'ultimo componente del team.

«Loro parlavano male delle donne...»

«E lei degli uomini, siamo pari. Uno a uno, palla al centro, torniamo a lavorare; anzi, Andrea, perché sei in ritardo?» chiede Davide.

«Guarda che semmai sei tu che sei in anticipo, io mi sveglio alle 7, non alle 5 e mezza come te. Comunque, ordiniamo un caffè al **baretto** sotto? Dai, che Marco è gentilissimo e ce lo portano in ufficio!»

«Sì! Dai, caffè e cornetti per tutti!» aggiunge Lili.

«Va bene. Allora vediamo se mi ricordo. Nicolas un caffè macchiato doppio, Lili un cappuccino con una spruzzata di cacao, Andrea un latte e io caffè liscio. Cornetti alla marmellata per tutti. Telefono io» dice Davide.

«Così sì che si comincia la settimana bene!», pensano tutti e quattro.

CAPITOLO 3BIS

Los Angeles

A Jolene piace camminare anche se Los Angeles non è un ottimo posto per andare a piedi. Ha molti amici e mentre cammina spesso sente dire: «Ehilà Jo!». Lei gentilmente saluta con la mano o fa un cenno con la testa. Di solito per strada si ferma in un bar a fare uno spuntino.

«Ciao Bob, mi fai un cappuccino doppio e un panino?»

«Ciao Jo, certo. Che panino vuoi?»

«Uhm, tacchino, formaggio e salsa di mirtilli.»

«Insomma il solito, quello che ordini ogni giorno» sorride Bob.

«Esatto! Senti Bob hai fatto qualche sogno particolare? Io ho sognato acqua, tantissima acqua di tanti colori, blue, verde, arancione, rosa. Devo usare alcuni di quei colori nella mia arte.»

«No, veramente no. Non credo alla **telepatia** o nel significato dei **sogni**, ma se un giorno tu **sogni** i numeri della lotteria dimmelo che li gioco!» risponde ridendo il barista.

«Lo so, lo so Bob, allora parliamo del tempo. Credi che questo caldo continui per molto tempo?» sorride Jolene. A lei Bob è molto simpatico, anche se non crede a niente.

«Deve fare caldo questo weekend, io e la mia ragazza andiamo al mare!»

«Ah già, come sta Janet?»

«Benissimo, ma è sempre a dieta, però mangia tantissima cioccolata. Le donne a volte non le capisco.»

«Guarda che anche gli uomini a volte sono difficili da capire. Il mio ex fidanzato era fissato con il cross training e non faceva altro che andare in palestra. Appena mangiavo cioccolata, mi diceva che mi faceva **ingrassare**.»

«Beh, la cioccolata fa **ingrassare**...»

«Bob!» urla Jolene, «non voglio cercare un altro bar, mi piace venire qui.» Scuote la testa e pensa: «Gli uomini e le donne non sono per niente uguali!».

VERO O FALSO?

1. Davide riceve due telefonate.
2. La ragazza di Nicolas si chiama Laura.
3. A Lili piace il caffè macchiato.
4. Davide telefona a Giacomo.
5. Andrea si sveglia prima di Davide.
6. Jolene conosce molte persone
7. Secondo Jolene le donne e gli uomini sono uguali
8. La ragazza di Bob si chiama Jannis

SCRITTURA E CONVERSAZIONE.

A coppie o a gruppi descrivete il vostro uomo o donna ideale. Poi leggete e discutete con la classe. Ricordatevi di usare molti aggettivi. La descrizione deve essere fisica e del carattere.

NOTA CULTURALE: IL CAFFÈ

Come si prepara il caffè. Video proposto o uno presentato dall'insegnante.
http://www.youtube.com/watch?v=IM0Ugs3QhEs

LETTURE:

http://www.delonghi.com/it-it/prodotti/caffe/coffee-culture/la-storia-del-caffe
http://unicaffe.illy.com/it/cultura/storia/in-italia/in-italia
http://unicaffe.illy.com/it/cultura/non-solo-espresso
https://www.ansa.it/saluteebenessere/notizie/rubriche/stilidivita/2013/09/17/pausa-caffe-coi-colleghi-Antidoto-stress-ufficio_9314005.html

Mappa interattiva del caffè nel mondo. Fai click sull'Italia!

http://www.mrporter.com/journal/journal_issue117/5

QUIZ divertente! Dimmi che caffè bevi e ti dirò chi sei.

http://www.finedininglovers.it/blog/food-drinks/tipi-di-caffe-personalita-infografica/

Canzone sul caffè. Questa canzone ha molte parole in dialetto napoletano/lingua napoletana e usa un accento napoletano, non preoccupatevi se non capite tutto. Ascoltate una volta la canzone. Poi ascoltatela di nuovo e provate a completare gli spazi vuoti.
http://www.youtube.com/watch?v=yp_CvmOvLoQ

Don Raffae' (Fabrizio De André)

Io mi _____ Pasquale Cafiero
e son brigadiero del carcere oinè
io mi chiamo Cafiero Pasquale
sto a Poggioreale dal _____
e al centesimo catenaccio
alla _____ mi sento uno straccio
per fortuna che al braccio speciale
c'è un uomo geniale che parla co' mme.
Tutto il _____ con quattro infamoni
briganti, papponi, cornuti e lacchè
tutte ll'ore co' 'sta fetenzia
che sputa minaccia e s'`a piglia co' mme
ma alla fine m'assetto papale
mi sbottono e mi leggo 'o ggiurnale
mi consiglio con don Raffae'
mi spiega che penso e bevimm 'o cafè.
Ah, che bellu ccafe`
sulo 'n carcere `o sanno fa'
co' 'a recetta ch'a Cicirinella
_____ di cella ci ha dato mammà [...].

Canzone sulle donne e gli uomini ed esercizio di ascolto. Ascoltate una volta la canzone per intero guardando il video. Poi ascoltatela di nuovo e provate a completare gli spazi vuoti. http://www.youtube.com/watch?v=A3d-daeYnAQ&feature=kp

Gli uomini e le donne sono uguali (Cesare Cremonini)

"Giulia mi scrive da una carta da lettere bianca,
mi dice che sono uno stronzo di prima categoria,
io le rispondo: "la colpa non è mia!" ...
... è colpa di Beatrice che a sua volta

mi scrive da una carta da lettere gialla
mi dice sono un materialista...
[...]
ma io non sono un fidanzato e non sarò mai un avvocato e tantomeno tuo **marito**...
Va bene, ho capito, ma quello che ti dico non vuol essere un'offesa al contrario,
è solo una difesa,
ma tu già non mi parli e fai l'offesa!!!
[...]
Gli uomini e le donne sono uguali!!!
Sono uguali!! Gli uomini e le donne sono uguali!!
Sono uguali!! Gli uomini e le donne sono uguali!!
Ricamo con la fantasia milioni di pensieri,
e l'unica certezza è che non sono nato ieri
quindi lunga vita ai fidanzati, uomini felici, uomini incastrati....
Ci risiamo: ma è quello che vogliamo!
Cerchiamo donne supersexy e poi ci lamentiamo,
chiediamo fedeltà assoluta e non la promettiamo,
capisco se una donna si ribella al capitano!
Ma va bene, giochiamo ad armi pari:
Gli uomini e le donne sono uguali!!
Sono uguali!! Gli uomini e le donne sono uguali!!!
[...]."

prendersi in giro-siprendono in giro

marito

baretto

telepatia

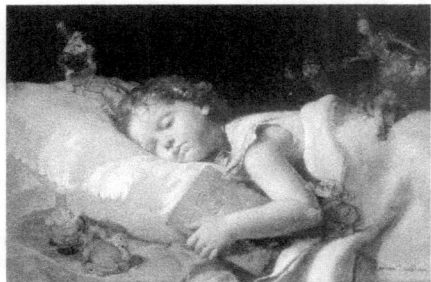
sogni

ingrassare

IMAGE CREDITS

1. Pete Souza/Craig Robins, "Barack Obama joking with Ray LaHood 2010," http://commons.wikimedia.org/wiki/File:Barack_Obama_joking_with_Ray_LaHood_2010.jpg. Copyright in the Public Domain.
2. Copyright © Tiffany Dawn Nicholson (CC by 2.0) at http://commons.wikimedia.org/wiki/File:Bride_and_Gromm_-_Photo_by_Tiffany_Dawn_Nicholson.jpg.
3. Copyright © Felix Haslimeier (CC BY-SA 2.0) at http://commons.wikimedia.org/wiki/File:Harry%27s_Bar_(inside)_-_Venice.jpg
4. Copyright © Shanghai killer whale (CC BY-SA 3.0) at http://commons.wikimedia.org/wiki/File:Tension-headache.jpg
5. Franz Schrotzberg/正在發夢, "Sweet-dreams-dreaming-of-snow-white-and-the-seven-dwarves," http://commons.wikimedia.org/wiki/File:Sweet-dreams-dreaming-of-snow-white-and-the-seven-dwarves.jpg. Copyright in the Public Domain.
6. Copyright © 2011 Depositphotos/cteconsulting.

CAPITOLO 4

Venezia

«Eh no! No, no, no!» dice Lili muovendo la testa da destra a sinistra.
«Cosa succede?» chiede Davide.
«Hanno **cancellato** il progetto da Tokio. Senza quello, sarà difficile pagare le spese e l'affitto.»
«Cancellato? Perché?»
«L'artista dice che non è pronto, vuole fare almeno dieci nuovi pezzi prima della mostra. Almeno nove mesi, se non un anno» si lamenta Lili. «E adesso cosa facciamo?»
I ragazzi stanno in silenzio. Pensano a quale può essere la soluzione migliore. Devono trovare un nuovo ingaggio per recuperare i soldi persi.
Fuori piove. A Venezia comincia a fare freddo, è autunno. Dalla finestra chiusa si sente il tic tic della pioggia e alcune voci di persone che fanno

colazione nel bar al piano sotto. Rumore di tazzine, lavastoviglie, persone che commentano i fatti del giorno.

«Una soluzione ci sarebbe», Andrea interrompe il silenzio. Gli altri tre si girano a guardarlo. «Prendiamo l'ingaggio a Ca' Dario» dice lentamente con la voce che gli trema dalla paura.

CAPITOLO 4 BIS

Los Angeles

Bee bo. Il computer di Jolene le dice che è arrivata posta per lei. Bee bo. Il suo agente ha trovato il posto perfetto per la sua prossima mostra e non è negli Stati Uniti. Jolene legge.

«Ciao Jolene, ho finalmente trovato il luogo perfetto per la tua prossima mostra: Venezia! C'è una ditta di nuovi talenti bravissimi che organizza mostre in palazzi antichi. Sono quattro ragazzi intelligenti e precisi. È da mesi che li seguo su FaceBook e nel loro sito web: www.weexhibit.com. Hanno idee originali. Ho scritto loro una proposta. Vediamo se accettano. Il palazzo che ho scelto si chiama Ca' Dario. Bellissimo e con un passato misterioso, ti piacerà. Ti farò sapere nei prossimi giorni i dettagli, buon lavoro. V.»

Venezia, Italia, acqua, **sogni**. Ecco il significato del sogno! Una mostra internazionale in una delle città più belle del mondo. Jolene, molto emozionata, si mette a lavorare al suo ultimo progetto.

VERO O FALSO?

1. I ragazzi hanno molti soldi
2. A Venezia fa bel tempo
3. Andrea trova la soluzione al problema
4. L'artista vuole fare otto nuovi pezzi
5. Secondo Jolene i **sogni** hanno un significato
6. Jolene farà una mostra in Europa

CONVERSAZIONE A COPPIE.

Che tempo fa oggi? Qual è la tua stagione preferita. Perché? Ti piace la pioggia o preferisci il sole? Cosa fai quando piove? E quando c'è il sole?

Cerca su Google alcune immagini di Ca' Dario. È un palazzo che ti piace? Ti piacerebbe vivere in un palazzo così? Sì, mi piacerebbe perché_____.
No, non mi piacerebbe perché_____.

cancellate-cancellato

lamentarsi-si lamenta

20 | NON È SEMPRE LA SOLITA STORIA

IMAGE CREDITS

1. Copyright © 2012 Nuno Pinheiro, David Vignoni, David Miller, Johann Ollivier Lapeyre, Kenneth Wimer, Riccardo Iaconelli, (GNU Lesser General Public License) at: http://commons.wikimedia.org/wiki/File:Oxygen480-actions-dialog-cancel.svg. A copy of the license can be found here: http://en.wikipedia.org/wiki/GNU_Lesser_General_Public_License
2. Copyright © johnwnguyen (CC by 2.0) at http://commons.wikimedia.org/wiki/File:Andy_Murray_Why_(2).jpg.

CAPITOLO 5

Venezia

I ragazzi continuano a guardarsi in silenzio per alcuni minuti. Poi Davide chiede: «Di che ingaggio si tratta?».

«Dobbiamo fare una mostra alla Ca' Dario. Preparare le stanze, riallacciare la luce, installare le opere d'arte, le solite cose. L'artista è americana e si chiama Jolene Monteiro-Finch. È molto giovane, ma popolare nella costa ovest degli Stati Uniti», risponde Andrea guardando i suoi **appunti**.

«Che cosa fa? Quadri, statue?» chiede Nicolas.

«Sentite questa, perfetta per Ca' Dario» dice ironicamente Andrea. «Si è laureata in psicologia con un master in comunicazione e arte. Cerca di trovare un legame tra i **sogni** e il linguaggio artistico. Crede nella telepatia e il suo progetto sono una serie di fotografie e un film complesso. Un'intervista ad un **sensitivo** americano che durante la Guerra Fredda è stato impiegato dalla CIA.»

«Stai scherzando!» dice Lili.

«No, e c'è dell'altro. Negli anni Sessanta la CIA ha sviluppato una teoria. Pensavano che le spie dell'Unione Sovietica usassero la telepatia...»

«La telepatia, cioè parlarsi con il **pensiero**? Forse questa Jolene ha visto troppe volte **Matrix, Inception e The Americans**...» ride Davide.

«...ma cosa ridi, guarda che questa artista è serissima. Ha fatto tante ricerche. Il **sensitivo** è anche un pittore e Jolene lo riprende e fotografa mentre dipinge» continua Andrea.

«Quanto pagano?» chiede pratico Nicolas.

«Molto. Possiamo pagare l'affitto e andare in vacanza. Io però **voto** no, a Ca' Dario io non lavoro», conclude Andrea.

«Credi veramente ai fantasmi e alle storie che dicono? Dai! Io sono invece preoccupato per le condizioni del palazzo, c'è tantissimo lavoro da fare. Tantissimo» dice Davide.

«Ci servono i soldi e poi le storie sono storie, la realtà è un'altra. Io **voto** sì. Tu Lili?» chiede Nicolas.

«I soldi ci servono, ci serve il lavoro, ma io credo ai fantasmi. Non come nei film, ma che tutte quelle persone ammazzate siano ancora alla Ca' Dario perché sono tormentate e non sanno dove altro andare, forse sì. Io **voto** forse.»

«Lili, forse non vale, sì o no?» chiede Davide.

Lili è molto indecisa. Guarda la faccia spaventata di Andrea e poi quella tranquilla di Davide.

«Va bene» dice piano, «ma io lì dentro da sola non voglio starci, capito?»

«Va bene, lavorerai sempre con uno di noi o con questa Jolene.» Davide la guarda sorridendo.

«Con questa Jolene, no! Hai sentito che progetto ha fatto? Cose da **matti**! Magari si butta dalla finestra anche lei come Marietta, la prima proprietaria. No, no, io lavoro solo con uno di voi, Ok?» Davide e Nicolas fanno segno di sì con la testa.

«Andrea, mi dispiace ma sei in minoranza, prendiamo il lavoro», conclude Nicolas.

«Io lavoro sotto protesta e se sento o vedo qualcosa di strano, corro fuori da Ca' Dario più veloce di una **gazzela** inseguita da un puma, chiaro?»

«Chiarissimo!» dicono i tre ragazzi in coro.

«E se un fantasma ti insegue vuoi che gli spari in testa?» dice Davide ridendo.

«Ma quanto sei cretino, gli zombi si uccidono sparandogli in testa, non i fantasmi! Non hai mai visto **The walking dead**?»

«Dai, Andrea, scherzavo, poi che pistola e pistola, ma se sono un pacifista convinto. Al massimo gli tiro una bottiglia di vino.» Tutti ridono, ma Andrea offeso comincia a lavorare al suo computer.

VERO O FALSO?

1. Lili non crede ai fantasmi
2. Andrea vuole fare il lavoro
3. I ragazzi non sono tutti d'accordo
4. Andrea crede agli zombi
5. Davide è molto pratico

RICERCA.

Un'artista italiana ha veramente fatto una ricerca sulla telepatia. Ecco le informazioni, sono molto interessanti. Cosa ne pensi? Ne puoi fare un breve riassunto?

http://america24.com/news/new-york-un-immenso-atelier-per-i-giovani-artisti-italiani?refresh_ce

http://pinchukartcentre.org/en/exhibitions/vote/fgap_2012/19704

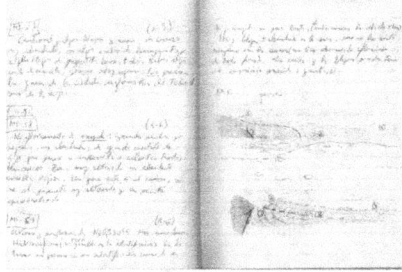
appunti

sensitivo

24 | NON È SEMPRE LA SOLITA STORIA

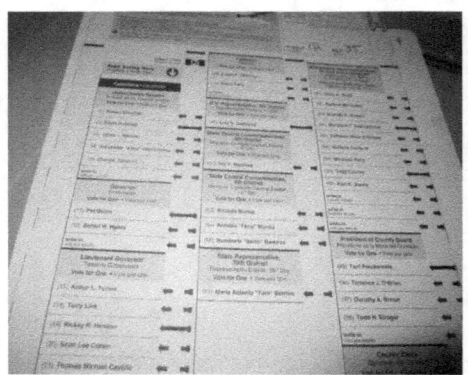
voto

matti

gazzela

IMAGE CREDITS
1. Copyright © PePeEfe (CC BY-SA 3.0) at http://commons.wikimedia.org/wiki/File:Geological_notebook.jpg
2. Copyright © 2012 Depositphotos/everett225.
3. Copyright © Daniel O'Nell (CC by 2.0) at http://commons.wikimedia.org/wiki/File:Illinois_primary_ballot_2010.jpg.
4. Copyright © 2011 Depositphotos/Nomadsoul1.
5. Copyright © 2010 lkiwaner, (GNU Free Documentation License) at: http://commons.wikimedia.org/wiki/File:Serengeti_Thomson-Gazelle3.jpg. A copy of the license can be found here: http://commons.wikimedia.org/wiki/Commons:GNU_Free_Documentation_License,_version_1.2

CAPITOLO 6

Los Angeles

Jolene sta mangiando un pezzo di cioccolata, mentre legge la storia della Ca' Dario sul computer. «Wow, che storia pazzesca! Sono sicura che lì farò delle fotografie interessantissime, magari mi esce anche un fantasma nelle stampe. Che bella idea! Bravo Vince.» All'improvviso la finestra dello studio si apre ed entra un vento freddo. «Vento freddo in California?», Jolene prende la sua macchina fotografica e va alla finestra. C'è un temporale in arrivo. Grosse **nuvole** grigie stanno coprendo il cielo. Poi comincia a piovere. Click, click, click fa la macchina fotografica di Jolene. Tic tic tic fa la pioggia. «Che colori!» e continua a scattare foto aggiustando la prospettiva e l'apertura del diaframma. «Non ho mai visto un temporale così bello, con lampi e tuoni. Raro a Los Angeles. Meglio aspettare che finisca prima di tornare a casa.» Jolene continua a scattare fotografie per un'ora e si dimentica della cioccolata.

VERO O FALSO?

1. A Jolene non piace la cioccolata
2. A Los Angeles ci sono molti temporali
3. Jolene fa fotografie per due ore
4. A Jolene piacciono i colori del temporale

nuvole

dimenticarsi-si dimentica

IMAGE CREDITS

1. Copyright © RyanHodnett (CC BY-SA 4.0) at http://commons.wikimedia.org/wiki/File:Clouds_RH_02.jpg
2. Copyright © 2011 Depositphotos/olly18.

CAPITOLO 7

Venezia

Venezia in autunno è bellissima. Fa un po' freddo, non ci sono molti turisti. L'acqua comincia a cambiare colore e diventare più scura. I gabbiani volano bassi. Le navi da crociera vanno via, ci sono pochi turisti. I gondolieri stanno delle ore a parlare fra di loro. I veneziani camminano veloci per le **calli**. I gatti girano per le piazzette e rincorrono i piccioni. I vaporetti lasciano scie bianche sull'acqua della laguna. Nei canali più piccoli, più stretti, che sono le antiche strade d'acqua, si specchiano i palazzi, le case con i fiori alle finestre e i panni stesi. Quando non c'è vento, l'acqua diventa come uno **specchio** e i riflessi sono chiarissimi. È bello perdersi a Venezia e dai ponti guardare uno dei centoquarantasette canali della città con i suoi riflessi e le sue immagini. Incantevoli sono il Rio San Zulian, il Rio de la Panada, Rio de la Verona, il Rio San Provolo e molti altri. Pochi turisti sanno che dietro alle facciate degli antichi palazzi si nascondono cortili e giardini bellissimi. A Davide piace molto camminare per Venezia, quando può visita il cortile del palazzo Van Axel, uno dei suoi preferiti, e a volte incontra suo fratello Giacomo per un caffè nel cortile della Ca' Foscari, la prestigiosa sede dell'Università. Quando Davide vuole stare da solo in un posto totalmente silenzioso va nell'isola di San Giorgio con la barca della ditta. Sale sul campanile e da lì si gode il panorama. Si vedono il campanile di San Marco, il palazzo Ducale, i ponti, le case. Poi va a piedi a visitare i due chiostri fatti dallo scultore Palladio e lì Davide si siede e pensa. A volte si porta un quaderno e prende **appunti** per i suoi futuri progetti. Oggi è lì e pensa. Fra i più di duecento palazzi costruiti nei secoli dai nobili veneziani lungo il Canal Grande, Jolene Monteiro-Finch vuole fare la sua mostra nella Ca' Dario. Perché? Davide è preoccupato. Da **tempo** il palazzo è disabitato. Ci sono moltissimi lavori da fare per preparare la mostra. Moltissimi. Deve ingaggiare idraulici, muratori, elettricisti e lavorare insieme ai suoi colleghi sette giorni alla settimana. Quanto **tempo** ci vorrà? Un mese, due? Pensa ad Andrea, non sarà facile lavorare con lui se ha paura. Nel lavoro bisogna essere esatti, precisi, concentrati. Certo, tutti gli antichi palazzi di Venezia possono fare un po' paura. Sono grandi, alti, hanno tante finestre e balconi di notte scuri. I palazzi erano fatti per stupire. Ognuno doveva essere più grande e più bello di quello vicino. Era un segno di ricchezza dei proprietari. Ogni palazzo era ed è un'opera d'arte sia fuori che dentro. Davide pensieroso decide di andare alla Fondazione Cini e sedersi per un po' nella sua bellissima biblioteca e forse scalpiccioanche alla fototeca per trovare ispirazione per la mostra di Jolene Monteiro-Finch.

VERO O FALSO?

1. Davide rimane a casa quando vuole pensare
2. I palazzi di Venezia sono nuovi
3. Le strade di Venezia sono fatte di acqua
4. In autunno ci sono molti turisti
5. I palazzi e le case si specchiano nell'acqua

CONVERSAZIONE A COPPIE.

A Venezia in autunno comincia a fare freddo. Come ti vesti quando fa freddo? E quando fa caldo? Come ti vesti per andare a una festa? Ti piace fare bella figura o non ti preoccupi del tuo look?

SCHEDA CULTURALE. PER SAPERNE DI PIÙ.

Davide va alla Fondazione Cini. Ecco il loro sito web, lo puoi leggere in italiano o in inglese: http://www.cini.it/fondazione

Il palazzo Van Axel: http://it.wikipedia.org/wiki/Palazzo_Soranzo_Van_Axel

Cerca su Google alcune fotografie del palazzo e del suo giardino interno. Ti piace?

Università Ca' Foscari: http://www.unive.it/nqcontent.cfm?a_id=1 Ti piacerebbe frequentare questa università?

calli

30 | NON È SEMPRE LA SOLITA STORIA

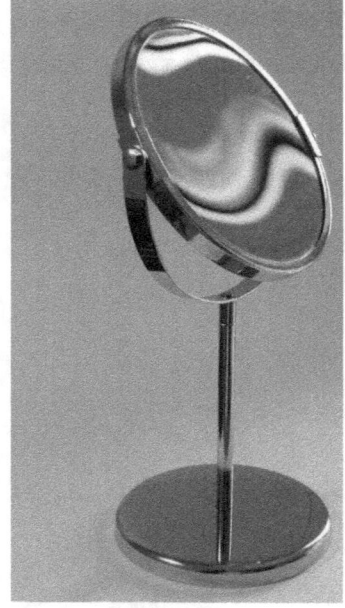

specchio

pensiero

IMAGE CREDITS
1. Copyright © Abxbay (CC BY-SA 3.0) at http://commons.wikimedia.org/wiki/File:Calle_delle_erbe_giudecca.JPG
2. Copyright © Mattia Luigi Nappi (CC BY-SA 3.0) at http://commons.wikimedia.org/wiki/File:Magnifying_cosmetic_mirror.jpg
3. Copyright © EnEdC (CC BY-SA 3.0) at http://commons.wikimedia.org/wiki/File:Thought_Bubble_Comics.png.

CAPITOLO 8

Los Angeles

Continua a piovere. Jolene decide di andare nella sua **camera oscura** e sviluppare le foto appena scattate. Le piace molto stare da sola nella sua **camera oscura**, le permette di pensare e di rilassarsi.

I nuovi progetti la spaventano sempre un po', ma sa che solo facendo progetti nuovi può crescere e diventare più brava e famosa come artista. Si fida molto del suo manager. Fino ad ora ha sempre fatto cose magnifiche per lei. Quindi anche questo progetto sarà magnifico.

Ecco che escono le prime stampe. Jolene vede i colori del temporale e alcuni edifici della città; gocce di pioggia alla finestra e poi fa mezzo passo indietro con un'espressione preoccupata e curiosa in faccia. In una delle foto c'è il suo riflesso alla finestra mentre scatta le foto, ma nella foto solo uno dei suoi occhi è marrone, l'altro è verde. «Che cosa strana...» Jolene si avvicina alla foto con una **lente d'ingrandimento** e la osserva attentamente. Dietro di lei nel riflesso della finestra c'è una figura, una figura di donna. «Oh!» esclama Jolene, adesso che ha fotografato un fantasma non sa cosa fare e nell'indecisione decide di mangiare il resto della cioccolata.

VERO O FALSO?
1. A Jolene piace stare da sola perché non si rilassa
2. Una foto è molto particolare
3. Jolene ha gli occhi color marrone
4. Jolene si fida del suo manager

camera oscura

lente d'ingrandimento

IMAGE CREDITS
1. Copyright © Inkaroad (CC BY-SA 3.0) at http://commons.wikimedia.org/wiki/File:Dark_room.jpg
2. Julo, "Lupa.na.encyklopedii," http://commons.wikimedia.org/wiki/File:Lupa.na.encyklopedii.jpg. Copyright in the Public Domain.

CAPITOLO 9

Venezia

Oggi i quattro ragazzi vanno a fare un sopralluogo a Ca' Dario. Vanno a vedere com'è dentro e decidere come meglio preparare il palazzo per la mostra. Portano panini e bibite, **torce elettriche** e iPads.

«Siete sicuri che sia una buona idea andare proprio oggi? Secondo me fra un po' piove. Guardate che **nuvole** nere» dice Andrea.

«Non c'è tempo da perdere Andrea, dobbiamo fare tutto in fretta e bene. Se piove pazienza, piove spesso a Venezia in questa stagione, lo sai» risponde Davide.

«Non fare il pauroso, siamo in quattro, cosa vuoi che ci succeda? Dai, Andrea!» continua Nicolas.

Lili è previdente: «Io nella borsa ho un ombrello e dei **sacchetti della spazzatura**. Se piove li usiamo sopra le scarpe».

Quando a Venezia piove moltissimo c'è il fenomeno dell'acqua alta. Le zone asciutte come piazza San Marco si allagano. Allora si mettono delle passerelle e ci si cammina sopra. Se non ci sono passerelle, si usano gli stivali. Se non si hanno stivali ci si può mettere ai piedi dei sacchetti dell'immondizia legati alle ginocchia per non bagnarsi le scarpe.

«Eccoci arrivati» dice Davide girando le chiavi nel pesante portone d'ingresso. Clack, clack, clack. Davide deve spingere un po' il portone per aprirlo. Screech.

L'ingresso non è molto luminoso. I ragazzi accendono le torce e cominciano a guardare.

«Pensavo peggio...»

«Peggio di così, Davide, non so cosa ci sia!» risponde Nicolas. «Qui bisogna rifare l'impianto elettrico, per il momento mettere dei faretti per vederci, ridipingere le pareti, valutare se ci sono infiltrazioni d'acqua pericolose...»

«Ho capito, Nicolas, cercavo di essere positivo. C'è tantissimo lavoro da fare e siamo solo alla prima stanza. Andiamo avanti.»

I quattro ragazzi procedono lungo il **corridoio**, per terra ci sono pezzi di muro scrostato, calcinacci, pezzi di legno.

«Attenti a dove camminate, qui è facile inciampare... ohhhhhhhh», puff, Andrea è caduto.

«Tutto bene? Ti sei fatto male?» chiede Lili.

«Non tanto, un livido qui e una sbucciatina alla mano.»

«La maledizione del palazzo cominciaaaaaa...» sussurra Nicolas con voce profonda da film di paura.

«Non fare il cretino, Nicolas, guarda che vado via.»

«E ritorni indietro da solo attraverso il corridoio e l'ingresso?»

Andrea fa una faccia perplessa, poi dice: «Va bene, resto, ma tu non fare il cretino.»

Alla fine del lungo corridoio ci sono tre stanze. Hanno ancora alcuni **mobili** dentro, un divano qui, un tavolo lì, qualche sedia, qualche quadro alle pareti.

«Aggiungiamo alla lista delle cosa da fare: togliere i **mobili**», prende nota Davide. «Andiamo a vedere il secondo piano.»

«Siamo sicuri che la **scala** regga?» chiede Lili.

«Vado prima io», e Davide comincia a salire le scale con attenzione e lentamente. Scrick, crick, scrick. «Venite pure anche voi, ma uno alla volta e muovetevi lentamente, dobbiamo anche rinforzare le scale prima della mostra.»

Lili sale le scale, poi Andrea, poi Nicolas, ma all'ultimo gradino si sente un crash e il piede destro di Nicolas rimane incastrato. «Per fortuna che ho gli stivali pesanti. Davide, Andrea, se mi date una mano tiro fuori il piede da qui.» Andrea e Davide lo aiutano e Nicolas riesce a liberarsi.

«Ecciù», fa Lili: «Ecciù, ecciù»

«Salute» dicono i tre ragazzi.

«Allergia alla polvere e alle muffe» spiega Lili mentre si soffia il naso.

«Certo che hai scelto il lavoro giusto!» dice ironico Nicolas.

«Nella vita non tutto è perfetto, per esempio se tu non ci fossi sarebbe anche meglio» dice offesa Lili.

«Scusa, dai, scherzavo!»

«Ragazzi» dice Andrea, «guardate qua.» Gli altri tre si girano. Andrea ha la torcia puntata su un grande quadro. Dalla cornice costosa una ragazza della loro età li guarda con occhi verdi smeraldo. È bellissima. Ha lunghi capelli marroni, portatura dritta e nobile, pelle chiara. «Sembra proprio che ci guardi ...» continua Andrea, «c'è una scritta, vediamo. Vai tu a leggerla Davide?»

Andrea non vuole avvicinarsi troppo al quadro. «Dice: Marietta Datio Barbaro, è stata la prima proprietaria.»

«Quella che si è buttata dalla finestra» continua Andrea.

«Con un coltello qualcuno ha scritto qualcosa sulla cornice. Vediamo. È in latino: Sub ruina insidiosa genero» legge a voce alta Davide.

In altre parole: «Chi abiterà questa casa finirà in rovina», traduce Lili lentamente. Tic tic tic, fuori piove.

VERO O FALSO?

1. Oggi a Venezia fa bel tempo
2. Nicolas cade dalle scale
3. Andrea pensa che la ragazza li guardi
4. Lili è allergica alla polvere
5. La ragazza del quadro è bellissima

CONVERSAZIONE A COPPIE.

Ti piace l'arte? Hai un artista preferito? Ti piace disegnare o dipingere? Conosci qualcuno che disegna o dipinge? Hai mai studiato storia dell'arte?

36 | NON È SEMPRE LA SOLITA STORIA

torce ellettriche

sacchetti della spazzatura

corridoio

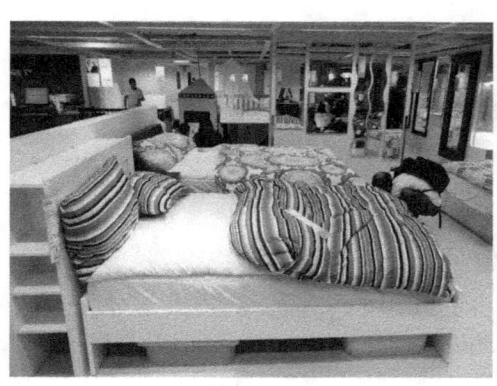

mobili

scala

IMAGE CREDITS

1. Evan-Amos, "Led-flashlight," http://commons.wikimedia.org/wiki/File:Led-flashlight.jpg. Copyright in the Public Domain.
2. Copyright © Htm (CC BY-SA 3.0) at http://commons.wikimedia.org/wiki/File:Twin_plastic_trashbag.jpg
3. GAP, "Suite Hallway," http://commons.wikimedia.org/wiki/File:Suite_Hallway.jpg. Copyright in the Public Domain.
4. Copyright © Beifoosa700 (CC BY-SA 3.0) at http://commons.wikimedia.org/wiki/File:HK_Causeway_Bay_IKEA_furniture_shop_interior_beds_July-2012.JPG
5. Copyright © Tim Evanson (CC BY-SA 2.0) at http://commons.wikimedia.org/wiki/File:Looking_SE_up_the_main_steps_to_second_floor_-_Tinsley_Living_Farm_-_Museum_of_the_Rockies_-_2013-07-08.jpg

CAPITOLO 10

Los Angeles

Jolene guarda fuori dalla finestra, il temporale non è ancora passato, ma le gocce di pioggia sono più piccole. Decide di telefonare al suo manager. Drin, drin.

«Pronto?»

«Ciao Vince, sono nel mio studio, piove e non ho un ombrello. Mi vieni a prendere per favore? C'è anche una cosa che ti voglio far vedere.»

«Non c'è problema, sarò lì fra 20 minuti, va bene? E se vuoi poi possiamo andare a mangiare fuori, ti offro la cena e parliamo della mostra a Venezia.»

«Ha confermato la ditta di giovani talenti?»

«Sì, si stanno già preparando.»

«Bene, ci vediamo fra poco, ciao.»

«Ciao», click.

Dopo 20 minuti precisi Vince bussa alla porta. Jolene lo fa entrare e poi lo porta nella **camera oscura**: «Guarda qui!» Vince dice: «Bella foto, tu nel riflesso della finestra che fai una foto, bei colori». Jolene dà la **lente d'ingrandimento** a Vince: «Guarda ancora, osserva bene, cosa vedi?». Vince guarda la foto a lungo senza parlare. Poi dice: «Vedo il tuo riflesso alla finestra e vedo un'altra donna dietro di te, chi è, una tua amica?». «Vince, quando ho fatto queste foto ero da sola nello studio.» «Non c'era nessuno con te?» «Nessuno». Vince guarda la foto di nuovo: «Hai catturato un fantasma, Jolene, o è solo un'illusione ottica». «Non è un 'illusione ottica e poi guarda, ho un occhio marrone e uno verde, i miei sono tutti e due marrone.» Vince non dice niente, «e così è cominciato» pensa. Poi a voce alta: «Gli artisti fanno cose artistiche! Dai, andiamo a mangiare» e prende Jolene per un braccio e la porta fuori dalla **camera oscura**.

VERO O FALSO?

1. Secondo Vince la foto della donna non è strana
2. Vince non vuole parlare della foto
3. Vince sa più di quello che dice
4. Jolene non va al ristorante

CONVERSAZIONE A COPPIE.

Vince non dice tutta la verità a Jolene. Tu dici sempre la verità ai tuoi amici? Ci sono situazioni in cui è Ok dire una bugia (come Pinocchio)? In quali situazioni?

CAPITOLO 11

Venezia

I ragazzi, con un senso di disagio per la scritta sul quadro, ispezionano il resto della casa. È vero: la ragazza dagli occhi verdi sembra guardarli dal quadro. Davide e Nicolas non ci pensano, continuano a parlare di **restauri** da fare e di preparativi per la mostra. Davide prova a fare una telefonata a un architetto suo amico, ma non c'è campo. Lili fa del suo meglio per concentrarsi sul lavoro e non guardare il quadro, fa un bozzetto delle stanze e fotografie. Andrea segue gli altri, ma ogni tanto si gira e guarda il quadro incantato e impaurito.

Fuori continua a piovere sempre più forte. Alcune gocce d'acqua entrano dal **tetto**. Dopo qualche ora sono tutti stanchi e pronti ad andare a casa, ma appena aprono il portone un'ondata di acqua li investe. C'è acqua alta a Venezia. «Non andiamo da nessuna parte, rimaniamo qui per un po' finché l'acqua non cala. Anzi, è meglio se torniamo di sopra. Qui comincia ad entrare troppa acqua.», dice Nic.

Gli altri tre guardano Davide. «Io vado» dice Andrea.

«Dove vuoi andare? Fai una nuotata nell'acqua gelida?»

«Ha ragione Nic questa volta, aspettiamo.» conclude Lili.

Con attenzione i ragazzi tornano di sopra e si siedono in una delle stanze meno sporche e danneggiate. Hanno le torce accese. Stanno in silenzio. Dal corridoio entra un soffio di aria fredda e si sente un leggero scalpiccio. «La ragazza è uscita dal quadro!» sussurra Andrea. Tutti si girano verso la porta. Nel silenzio si sente un leggerissimo screeck, toc, screeck, il movimento di qualcuno che cammina sul legno. Andrea ha i capelli dritti dalla paura.

«Boo!» fanno Giacomo e Reese, il fratello di Davide e la sua ragazza.

Andrea caccia un urlo fortissimo e gli tira una penna. Lili dice «Ah!». Nicolas e Davide allo stesso **tempo** dicono: «Cretini!».

«Cosa ci fate qui?» chiede Davide visibilmente **arrabbiato**.

«Siamo andati in ufficio e abbiamo visto la scritta che diceva dov'eri. Abbiamo pensato di passare a vedere la casa maledetta, visto che è sempre chiusa. Siamo stati nascosti in una stanza sotto aspettando il momento giusto per farvi uno scherzo. Adesso però con l'acqua alta dobbiamo rimanere qui anche noi» risponde Giacomo.

«Di bene in meglio», borbotta Davide.

«Beh, aspetta, guardate cosa vi abbiamo portato.» Dallo zaino Reese tira fuori una bottiglia di vino, un pacco di grissini e un barattolo di Nutella.

«Siete due geni!» dice Lili, «venite a sedervi qui.»

Non è il posto migliore per un picnic, ma loro hanno fame e sete, quindi cominciano a mangiare e bere. E presto si dimenticano della ragazza del quadro.

VERO O FALSO?

1. Lili ha molta paura
2. Davide e Reese hanno portato da mangiare
3. Il cellulare di Davide non funziona
4. Giacomo vuole fare uno scherzo

restauri

tetto

arrabbiato

IMAGE CREDITS
1. Copyright © Franz Miko G. Verzon (CC BY-SA 4.0) at http://commons.wikimedia.org/wiki/File:Santa_Barbara_Church_Restoration.jpg
2. Copyright © Marco Bernardini (CC BY-SA 3.0) at http://commons.wikimedia.org/wiki/File:Tegola_marsigliese.jpg
3. Copyright © 2013 Depositphotos/olly18.

CAPITOLO 12

Los Angeles

«Perché ieri sera Vince mi ha trascinata fuori dall'appartamento? Non ha parlato a lungo della foto. Uhm. Che strano!» pensa Jolene accarezzando il suo gatto nero Mac. A Los Angeles piove ancora. È raro. Jolene pensa alla sua storia con il manager Vincent. Si sono incontrati 8 anni fa. Lei aveva fatto una ricerca per il master sulla telepatia, i **sogni** e come fotografarli. A lui era piaciuta la ricerca e le aveva proposto di essere il suo manager. «Ti porterò lontano, vedrai, diventerai famosa!» aveva detto Vince. Infatti Jolene era diventata sempre più brava, più conosciuta, più pagata. Vince l'aveva spinta a continuare le sue ricerche sulla telepatia e ad allargarle alla ricerca del **tempo** e dello **spazio**. Si può tornare indietro nel **tempo**? Si può fotografare un **tempo** passato? Si può allargare uno **spazio** finito, come una stanza? Con le fotografie certo, Jolene può fotografare cose antiche e così tornare indietro nel **tempo** o usare prospettive diverse per allargare una stanza. Però Vince non era mai soddisfatto, voleva sempre nuove foto, nuove ricerche, nuove idee, ma tutte sullo stesso argomento, il **tempo** e lo **spazio**. Gli interessavano i fenomeni paranormali. All'inizio a Jolene sembrava strano, poi si era abituata e anzi, le piaceva ricercare e studiare questi argomenti.

Miao, miao. «Mac ha fame, vanno bene le crocchette, Mac?» Jolene si alza dal divano e va a versare le crocchette nella ciotola del gatto.

VERO O FALSO?

1. Jolene è diventata famosa grazie all'aiuto di Vince
2. Vince lascia totale libertà a Jolene per i suoi progetti artistici
3. Vince vuole fare ricerche sul **tempo** e lo **spazio**
4. Il cane di Jolene ha fame

CONVERSAZIONE A COPPIE.

Secondo te, Vince è una brava persona? Quali sono le caratteristiche di una brava persona e di una persona cattiva?

tempo

spazio

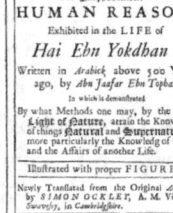

argomento

IMAGE CREDITS

1. Copyright © Phrontis (CC BY-SA 3.0) at http://commons.wikimedia.org/wiki/File:Braun_ABW41_(schwarz).jpg
2. Copyright © Daniel Ramirez (CC by 2.0) at http://commons.wikimedia.org/wiki/File:Hoomaluhia_Botanical_Garden_-_Open_Area.jpg
3. Engraving: Edmund Powel London, Blackfriars Title page: W. Bray London, "1711 Hay Ebn Yokdhan," http://commons.wikimedia.org/wiki/File:1711_Hay_Ebn_Yokdhan.jpg. Copyright in the Public Domain.

PARTE SECONDA

CAPITOLO 1

Venezia

Tre mesi dopo (e dopo molti lavori, tante fotografie, molta pioggia, tantissimi scherzi ad Andrea)

Finalmente Ca' Dario è pronta per la mostra. Il team di We Exhibit ha lavorato tantissimo. Ora il palazzo è di nuovo bellissimo. I ragazzi e i loro aiutanti hanno dipinto le pareti, spostato i mobili, rifatto l'impianto **elettrico** e **idraulico**, rinforzato le scale, messo bellissimi candelabri, piante e fiori ai balconi e tante altre cose. Anche Andrea deve ammettere che ora il palazzo sembra meno pauroso (anche se il quadro di Marietta è sempre lì). Alla sera le luci dei candelabri brillano e la casa illuminata si riflette nel Canal Grande. I veneziani dalle **calli** e i turisti dalle gondole guardano la casa ammirati. I ragazzi sono soddisfatti del loro lavoro. Hanno organizzato un grandissimo ballo **mascherato** a Ca' Dario. La festa sarà fra qualche giorno, durante l'inaugurazione della mostra. Hanno invitato i critici d'arte, gli studenti dell'ultimo corso e i professori dell'Accademia dell'Arte. Hanno prenotato uno dei servizi di catering più affermato e famoso di Venezia. Ci saranno cibi squisiti e vini frizzanti. Ovviamente tutti saranno vestiti con maschere: Arlecchino, Pulcinella, Pantalone, Colombina e tante altre maschere d'epoca. In Italia è infatti il periodo di Carnevale, una festa popolare e grandissima in cui tutti si vestono con maschere elaborate. La gente viene da tutto il mondo per vedere le maschere veneziane e celebrare il Carnevale con danze e balli. È un periodo magico per Venezia e i veneziani.

Nello studio di We Exhibit i ragazzi si rilassano un attimo bevendo un buon caffè.

«Non vi sembra che Jolene assomigli a qualcuno?» chiede Andrea.

«No, non mi pare. A chi?» risponde Lili.

«A Marietta, alla donna del quadro» dice Andrea.

«Forse un po'» ammette Nic.

«Dai, no» dice Davide, «una ha gli occhi marrone, l'altra gli occhi verdi, per esempio.»

«Va bene» dice Andrea bevendo il suo caffè.

VERO O FALSO?
1. Secondo Lili, Jolene assomiglia a Marietta
2. La mostra si inaugura con un ballo mascherato
3. Alla mostra ci saranno cibi, ma non bevande
4. Le maschere alla festa saranno maschere antiche

impianto elettrico

impianto idraulico

mascherato-maschera

assomigliare

IMAGE CREDITS

1. Copyright © Robert Scoble (CC by 2.0) at http://commons.wikimedia.org/wiki/File:Collision_chamber_wiring,_CERN.jpg.
2. Copyright © Hephaestos (CC BY-SA 3.0) at http://commons.wikimedia.org/wiki/File:Waterpipes.jpeg
3. Copyright © Jared and corin (CC BY-SA 3.0) at http://commons.wikimedia.org/wiki/File:Pingu,_Oliver%27s_Halloween_costume.jpg
4. Copyright © Eddy Van (CC BY-SA 2.0) at http://commons.wikimedia.org/wiki/File:Redhead_twins.jpg

CAPITOLO 2

Jolene si è subito innamorata di Venezia. Le piazze, le **calli**, i **canali**, le barche. Le piace tutto. Ha conosciuto i ragazzi d We Ehxibit e si sono piaciuti a vicenda. Solo un ragazzo, Andrea, la guardava in maniera un po' strana. Forse è perché lei ha un accento un po' americano e un po' spagnolo.

Jolene è molto emozionata per l'inaugurazione della mostra. Vince le ha portato un abito bellissimo da indossare. Sembra una donna di molti secoli fa. Il vestito è elegante, elaborato e bellissimo, anche se molto pesante. Vince ha comprato anche i gioielli, bellissimi: orecchini, anelli, collana e braccialetto. Assomiglia un po' al vestito di Colombina della Commedia dell'arte, ma è molto più prezioso. Vince le ha anche prenotato un appuntamento con un parrucchiere per fare i capelli e il trucco che ha scelto lui. Secondo Vince è molto importante fare bella figura, secondo lui Jolene deve essere perfetta. A Jolene tutte queste attenzioni non dispiacciono, anche se le interessa di più la sua arte e vorrebbe passare più **tempo** con i ragazzi di We Exhibit per discutere i dettagli della mostra. Però Vince ha organizzato tutto e non c'è molto **spazio** per i desideri di Jolene.

VERO O FALSO?

1. A Jolene non piace Venezia
2. Vince decide tutto per Jolene
3. Jolene, Vince e i ragazzi passano molto **tempo** insieme
4. Vince ha scelto per Jolene un costume semplice

SCOPRI LA COMMEDIA DELL'ARTE

http://italian.about.com/library/weekly/aa110800a.htm
http://italian.about.com/library/weekly/aa110800b.htm
Google "La Commedia dell'arte" and look at the beautiful images.
Which character would you like to be? Why? Do you like the costumes? Can it be an idea for your next Halloween?

CAPITOLO 3

È finalmente arrivato il giorno dell'apertura della mostra. I ragazzi controllano che tutto sia a posto e pronto per essere visionato dai critici e dagli ospiti fra un'ora. I camerieri stanno preparando gli aperitivi e gli antipasti, tutto sembra molto appetitoso. Davide ha chiesto al capo cameriere di tenere il prosecco, un tipico vino bianco veneto, in un frigorifero portatile, pronto per un bel brindisi in onore di Jolene.

Davide, Nicolas, Andrea e Lili sono bellissimi nelle loro maschere tradizionali, con il trucco, le **parrucche**, gli accenti finti o esagerati, quasi quasi non si possono riconoscere. Infatti Lili scambia Nicolas per Davide e tutti e due si offendono: «Ma non vedi che siamo completamente diversi?», le dicono insieme. Lili ride. Ci sono anche Giacomo e Reese vestiti da Romeo e Giulietta. Davide è arrabbiato.

«Giacomo, ma è una festa di maschere italiane classiche...»

«Davide, dai! Romeo e Giulietta è ambientato a Verona, Verona è Italia, giusto? Poi è un dramma classico! A noi piace Shakespeare...»

«Giacomo, forse ha ragione Davide, Romeo e Giulietta sono di Verona certo, ma noi siamo a Venezia, era meglio vestirci con vestiti della Commedia dell'arte.»

«Come tutti gli altri. Sai che originali!» dice ironico Giacomo. Poi aggiunge per chiudere la conversazione: «Sarà per il prossimo anno».

Sono le 8 di sera. A Venezia continua a piovere, fuori fa buio, ma Ca' Dario è uno splendore di luci, candele, candelabri, **lampadari** con gocce di finti diamanti e smeraldi che pendono dal soffitto. Una vera meraviglia. Andrea è l'unico ad essere preoccupato, continua a pensare che Jolene assomiglia a Marietta. Che cosa strana! E poi a lui Vince non piace, gli sembra strano, parla con un accento americano esagerato, come se facesse finta. E anche lui gli ricorda qualcuno, ma non sa dire chi.

VERO O FALSO?

1. Il prosecco è un vino rosso
2. Lili scambia Andrea e Davide
3. Davide è molto felice dei costumi di Giacomo e Reese
4. Andrea è preoccupato perché non gli piace Jolene

CONVERSAZIONE A COPPIE.

Ti piacciono le feste? Come ti vesti per andare alle feste? Ci sono molte feste alla tua università?

TI piacciono le feste mascherate? Hai un costume preferito?

Che cosa hai fatto ad Halloween? Come ti sei vestito? Se non sei andato ad una festa che cosa hai fatto?

brindisi

CAPITOLO 3 | 57

parrucche

lampadari

IMAGE CREDITS

1. Copyright © Ollios (CC BY-SA 3.0) at http://commons.wikimedia.org/wiki/File:Toasting.JPG
2. Copyright © Arnaud de Gramont (CC BY-SA 3.0) at http://commons.wikimedia.org/wiki/File:Three_mannequin_heads_in_brightly-colored_wigs.jpg
3. Copyright © Massimo Caterinella (CC BY-SA 3.0) at http://commons.wikimedia.org/wiki/File:KroonluchterEsnogaAmsterdam.jpg

CAPITOLO 4

Gli ospiti cominciano ad arrivare. Ci sono maschere di tutti i colori, vestiti di tutte le forme e dimensioni. Ca' Dario non fa più paura (o sì?). Ci sono molti curiosi che vogliono entrare, ma c'è un signore grande e grosso che fa il **buttafuori** e controlla la lista degli invitati. Fa entrare solo chi c'è sulla lista. A poco a poco il palazzo si riempie di gente che parla, beve, mangia, commenta i restauri al palazzo, ride, discute l'arte di Jolene.

Verso le dieci Jolene e Vince arrivano su una bella **barca** colorata e molto antica. Molti invitati cominciano a fare fotografie, Jolene sorride dietro la sua maschera al braccio di Vince. Ben presto i critici circondano Jolene e le fanno mille domande sulla sua arte. Lei risponde in maniera appassionata, è anche felice di far vedere che sa parlare bene l'italiano. Se si dimentica qualche parola la dice in inglese, ma nell'arte, nella moda e in altri **campi** molte parole inglesi sono ormai usate anche in Italia.

Alle undici e quarantacinque, Vince prende Jolene per un braccio e le dice alcune parole all'orecchio. Davide e Nicolas osservano la scena, ma non sanno come intervenire. Jolene non sembra contenta. Poco dopo Jolene e Vince sono spariti in mezzo alla folla di bellissimi costumi. Un ottimo posto per mimetizzarsi. Vince porta Jolene davanti al quadro di Marietta. Al secondo piano non c'è nessuno.

«Vince, io ho paura, mi sembra che questa donna mi stia guardando e poi è vestita esattamente come me! Torniamo giù.»

«No, non torniamo giù. Hai ragione, Marietta ci sta guardando, ma non può parlare... ancora!»

«Ancora, cosa vuole dire?... ma questa è la donna che è apparsa nelle mie foto a Los Angeles, mi assomiglia molto, solo che...»

«Ha gli occhi verdi e tu li hai marroni, ma con le lenti a contatto colorate non sarà un problema.»

«Non sarà un problema? Cosa dici, sei diventato matto? Vince, torniamo giù...»

Jolene non fa in **tempo** a finire la frase. Scocca la mezzanotte, un forte **tuono** seguito da un **lampo** illumina il corridoio. Due mani gelide la prendono per le spalle, la sollevano con una forza incredibile e la risucchiano dentro al quadro. Per un momento Jolene e Marietta si guardano negli occhi. Marietta prende la maschera di Jolene e se la mette.

Poi con un **salto** esce dal quadro e si butta nelle braccia di Vince.

«Quanto ti ho aspettato Vincenzo...»

«Mi ci sono voluti molti secoli per capire come fare a liberarti ed essere ancora insieme, amore mio.»

Dal quadro Jolene guarda inorridita, non può parlare, non può muoversi, non può fare niente, nemmeno piangere.

Vincenzo e Marietta le fanno ciao con la mano e si dirigono al piano sottostante.

VERO O FALSO?

1. A mezzanotte succede qualcosa di speciale
2. Il **buttafuori** è una persona magra e debole
3. Marietta torna a vivere con il corpo di Jolene
4. Jolene è contenta

buttafuori

campi

giu'

tuono

lampo

salto

IMAGE CREDITS
1. Copyright © 2012 Depositphotos/pcanzo.
2. Copyright © Wonderlane (CC by 2.0) at http://commons.wikimedia.org/wiki/File:Along_highway_15,_Sonora.jpg.
3. Copyright © Peter Samow (CC by 2.0) at http://commons.wikimedia.org/wiki/File:Downstairs_-_Flickr_-_Peter.Samow.jpg.
4. Copyright © Rolf van Melis (CC BY-SA 3.0) at http://commons.wikimedia.org/wiki/File:Gewitter02.jpg
5. Copyright © David Selby (CC BY-SA 3.0) at http://commons.wikimedia.org/wiki/File:Atlanta_Lightning_Strike_edit1.jpg
6. Copyright © Wolfgang Thieme (CC BY-SA 3.0) at http://commons.wikimedia.org/wiki/File:Bundesarchiv_Bild_183-U0526-0037,_Lutz_Dombrowski.jpg

EPILOGO

«Caro Vincenzo, tutti dicono che tu sei morto ma io non ci credo. Ti aspetterò per sempre nelle acque della laguna, metto la mia anima nel nostro quadro. Vienimi a cercare, salvami tu, trova il modo. Io ho trovato il modo di salvare la mia anima con l'aiuto di un'anguana, la strega delle acque. In cambio lei mi ha chiesto il mio corpo. Un corpo per un'anima, mi sembra onesto. Trova il modo di farci tornare insieme. Tua per sempre Marietta.»

«Marietta, sono tornato e ho trovato la tua lettera. Ogni notte esco con la barca a cercare l'anguana delle acque, ogni notte vedo una luce lontana, ma quando la raggiungo si spegne. So che è lei che si prende gioco di me, ma io non mi arrenderò mai, mai, mai. Dovessero passare i secoli, amore mio, saremo ancora insieme. Tuo per sempre, Vincenzo.»

Cose curiose

La citazione Face Book più bella.
Cara Venezia,
dopo aver preso il mio cuore, avermi privato della salute mentale, aver fatto consumare le mie rotule..uno dei tuoi canali ha voluto riscuotere l'ennesimo tributo; a che cavolo ti serviva il mio cellulare?
Con affetto,
Davide

La musica di Davide (ai ragazzi italiani piace molto la musica straniera):
    Six pistols
    Scuola Furano
    I suoni delle Dolomiti
    DJ Spiller
    Ska-P
    Artic Monkeys
    Subsonica
    Metallica
    The Doors
    Johnny Cash
    The Fratellis
    Chemical brothers

Intervista a Davide:

«Ti piace il tuo lavoro?» «Moltissimo anche se mi stanco molto».

«Qual è il tuo colore preferito?» «Il blu, ma a dire il vero mi piacciono molti colori».

«Ti piace vivere a Venezia?» «Sì, è una città particolare, speciale e magica. L'acqua alta può anche essere divertente!».

«Hai una barca?» «Sì, e mi diverto molto a portare i miei amici a vedere la laguna».

«È vero che hai tante fidanzate?» «Dipende, se chiedi a mio fratello ti dice sì. Per il momento non penso a una relazione fissa o di sposarmi, voglio vedere il mondo».

«Ti piace la musica italiana?» «Non tantissimo, preferisco la musica inglese e americana. Comunque ascolto anche quella italiana a volte».

«Qual è il tuo artista preferito?» «Ce ne sono troppi da scegliere! Uno solo non posso! Comunque mi affascina molto l'arte contemporanea».

Scopri la Commedia dell'Arte

http://italian.about.com/library/weekly/aa110800a.htm
http://italian.about.com/library/weekly/aa110800b.htm
Google "La Commedia dell'Arte" and look at the beautiful images.
Which character would you like to be? Why? Do you like the costumes? Can it be an idea for your next Halloween?

SCHEDA GRAMMATICALE: I VERBI RIFLESSIVI

So far you have learned the indicative of regular and irregular verbs. You might even know some past tense (*passato prossimo e/o imperfetto*). A special class of verbs are called *reflexive verbs*; they indicate an action that one does to oneself. If you think about it, you will see that you already know one reflexive verb; in fact, you have learned it at the very beginning of Italian 1. When you say, "Mi chiamo Chiara," you use a reflexive verb, the verb «*chiamarsi*». Look how easy it is. You just need to use a reflexive pronoun before the reflexive verb, then conjugate the verb as you normally would a regular verb. In fact, all reflexive verbs end in –si, but once you transform the –si into a reflexive pronoun (which agrees with the subject), all that is left are verbs ending in –*are*, –*ere*, and –*ire*.

Alzarsi: *Io mi alzo (alzare)*   *Noi ci alziamo*
             Tu ti alzi   *Voi vi alzate*
             Lui/lei si alza   *Loro si alzano*

Why don't you give it a try with radersi and vestirsi?

***Note: *Divertirsi* is very often translated by students as «*ho molto divertimento*». No, no, no! Three times no. The correct translation is the conjugation of the verb as if it were a reflexive verb (not all verbs ending in –*si* reflect actions done to oneself; nevertheless, they are conjugated as reflexive verbs). Therefore: *Mi diverto*.

SCHEDA GRAMMATICALE: IL PASSATO PROSSIMO (DEI VERBI REGOLARI)

So far you have learned the indicative of regular and irregular verbs. Let's now take a moment to consider how Italians express past tense. We will start by analyzing the tense *passato prossimo*. To begin with, we will say that *passato prossimo* is made up of two words.

Example:

> *Vince ha organizzato tutto (verbo organizzare). Vince ha pensato a tutto (verbo pensare).*
> *Jolene è andata al suo studio (verbo andare). Davide è andato alla fondazione (verbo andare).*
> *Il gatto Mac ha dormito molto (verbo dormire). I ragazzi hanno finito il progetto (verbo finire).*
> *Jolene ha avuto molta fortuna (verbo avere).*

If you (and a classmate) look at these sentences closely, you will see that the first word is the present tense of the verb _____ or _____.
Excellent! Now, the second word is called the *participio passato* of the verb.
The *participio passato* of verbs ending in –*are* and –*ire* is formed by dropping the infinitive endings –*are* and –*ire* and adding _____ and _____.
The *participio passato* of verbs ending in –*ere* is formed by dropping the infinitive ending –*ere* and adding _____.
Why don't you give it a try by conjugating *pensare, dormire, e avere* at the *participio passato*?
***Have you noticed how *passato prossimo* conjugated with *essere* has the *participio passato* following in gender and number the subject?
Give it a try: *Jolene è andat_ a Venezia. Davide è andat_ a Ca' Dario. Jole e Vince sono andat_ al ristorante. Jolene e Lili sono andat_ al mercato insieme.*

SCHEDA GRAMMATICALE: L'IMPERFETTO

So far you have learned the indicative of regular and irregular verbs. Let's now take a moment to consider how Italians express past tense. Yes, there is the tense *passato prossimo*. There is also a tense called *imperfetto*. The imperfect is more frequently used in Italian than it is in English. It expresses the English "used to" and is used to describe actions or conditions that are recurrent in the past. It's also used to express a habitual action in the past and to describe time, age, and weather in the past.
Here are the endings for all verbs ending in –*are*, –*ere*, and –*ire*. Example: *Pensare pensa*– + endings.

Io	–*vo*

Tu	–vi
Lui/lei/Lei (formale)	–va
Noi-vamo Voi	–vate
Loro	–vano

***Essere has an irregular form in the imperfect. Can you put the forms in order? *Eri, era, eravate, ero, erano, eravamo.*

SCHEDA GRAMMATICALE: IL FUTURO

Let's talk about the future tense. This tense is used to talk about actions that will take place in the future. Although in English the future is expressed with the helping verb "will" or the phrase "to be going to," in Italian a verb's ending marks it as being set in the future tense. Example:

Jolene andrà alla festa mascherata. Davide organizzerà molte mostre.

–ARE verbs
The future tense is formed first by changing the infinitive ending *–are* into *–er* to obtain the root for the future tense. The following future endings are then added to the root: *–ò, –ai, –à, –emo, –ete, –anno*. Can you try with *cantare* and *pensare*? *CantEr_. PensEr_.*

–ERE, IRE verbs
These verbs are a bit simpler. They have the same ending as the verbs ending in *–are*, but the root for the future tense is *so: Risolvere Risolver_*. In other words, you just drop the *–e* from the infinitive.
***Avere and *essere* have irregular stems, but the endings are regular. Try it! *Avere avr_. Essere sar_.*

ACKNOWLEDGMENTS

My heartfelt thanks to all the readers of this book in its various drafts for their input, suggestions, and feedback—particularly Franka Frost, John and Roxann Simone, Larry Longobardi, Elena Colombo, Dianna Ippolito, and my family. Thanks to Todd Kostyshak, Jolene Leon, Cerise Hungate, Emanuela Patroncini, and Honey Fila (each of you knows why) and to my team at Cognella for their help and support: Seidy Cruz, Sarah Wheeler, Chelsey Rogers, Jess Busch, Jennifer Levine, and Natalie Lakosil.

An enthusiastic thank-you to all my brilliant, brilliant (yes, twice!) students at the University of California, San Diego, who have been inspiring me since 2002: you have no idea of the impact you have had on my life. I feel privileged to have known every single one of you, and to call many of you my friends. You have taught me so very much: *grazie*!

Thank you to the wonderful people at the Linguistics Language Program at the University of California, San Diego, who make going to work a smiley affair. Thank you much to Elke Riebeling, my irreplaceable coordinator and mentor, for believing in me and sharing her time and expertise selflessly; to Grant Goodall, language director, for always making time to listen to my ideas and giving counsel and encouragement; and to my colleagues, for their friendship and trust—above all, the wonderful Gabriella Pozzoli, as well as Giacomo Gaggio, and Dima Saab.

Although this book is a work of fiction, I have to thank my Italian cousins Davide De Carlo and Giacomo De Carlo for counseling me during the time I formulated the idea for this book and throughout the writing process. Without Davide and Giacomo, this book would not have come about.

www.ingramcontent.com/pod-product-compliance
Lightning Source LLC
Chambersburg PA
CBHW070549300426
44113CB00011B/1831